ADÈLE BRÉAU
Illustré par Mathou

et 100
expressions malaisantes en mode 2021

LEDUC
HUMOUR

DE LA MÊME AUTRICE :
« Je dis ça, j'dis rien »... et 200 autres expressions insupportables !, 2013.

Prépa et correction : Audrey Peuportier
Couverture : Antartik
Illustrations : Mathou
Création graphique et mise en page : La Fabrique Rouge / Yohann Antier

10, place des Cinq-Martyrs-du-Lycée-Buffon
75015 Paris — France
ISBN : 978-2-36704-279-4

“JE SUIS CHOQUÉE ! DE OUF ! J'AVOUE !

et 100

expressions malaisantes en mode 2021”

SOMMAIRE

SOMMAIRE

C'ÉTAIT IL Y A HUIT ANS. EXASPÉRÉE PAR LA MULTITUDE D'EXPRESSIONS ENTENDUES EN OPEN SPACE, JE PUBLIAIS UN ARTICLE RECENSANT QUELQUES DIZAINES D'ENTRE ELLES, DONT JE N'AVAIS PAS ANTICIPÉ LA PORTÉE.

À peine posté sur le Web, il générait alors des centaines de milliers de partages d'internautes trop heureux de dénoncer à leur tour, entre colère et autodérision, cette propension que nous avons tous à adopter certains tics verbaux dont nous peinons tant à nous défaire une fois intégrés à notre vocabulaire.

Quelques mois plus tard, paraissait aux éditions Leduc un recueil recensant ces mots de l'époque d'alors, dont quelques-uns sont restés quand d'autres ont disparu, laissant la place à une pléiade de nouveaux ovnis linguistiques nés des nombreux bouleversements sociétaux - politiques, pop ou sanitaires - apparus depuis. Ces nouvelles locutions feel-good, prescriptrices ou carrément malaisantes, les voici consignées dans ce nouvel opus en mode 2021, revisitées pour certaines par la talentueuse Mathou, experte ès coup de crayon juste magique et effet wahou qui dead ça. Cent expressions trop concernantes pour boomers ou génération alpha, sans gestes barrières, mais beaucoup de bienveillance. Franchement, vous êtes pas prêts...

“EN MODE”

COMME DANS

**« J’ai trop la pêche aujourd’hui.
Chuis en mode machine de guerre. »**

L’homme (et la femme)-machine n’en finissent plus de squatter nos tics langagiers. Greffés à nos ordis et smartphones devenus des prolongements de nous-mêmes (tu préfères ne plus jamais avoir de main gauche ou de smartphone ? Avouez, vous avez réfléchi sérieusement plus de deux secondes), nous employons de plus en plus fréquemment un vocable paradoxalement déshumanisé pour qualifier nos émotions ou modes de vie les plus divers. En mode « lover », « vénère » ou « *Top Chef* » : grâce à cette béquille humanoïde, on arrive à brosser en trois mots notre condition bien mieux qu’avec de longs et élégants discours empreints de ressenti. Et c’est bien ce qui fait le plus peur…

BURN OUT BORE-OUT BROWN-OUT

COMME DANS

- **Entre le goûter d'anniv du petit à organiser, ma réu client à préparer, les vacances à caler et ma belle-mère qui débarque, ch'te jure, je sais même plus par quoi commencer.**
- **Tu serais pas en burn out ?**
- **Qui ça, moi ?**

Né sur nos cruels lieux de travail, le « burn out », véritable maladie professionnelle, atteint les salariés véritablement noyés sous un flot de tâches, d'e-mails et d'obligations qui finissent par les ensevelir. Fatigue constante, vision floue de l'amas immonde de tout ce qu'on a à accomplir, stress à son comble, le burn out finit mal, en général.

De façon plus soft, la noyade propathologique a débarqué dans notre langage courant, employée de façon souvent impropre ou du moins excessive (Votre mec : « Hein ? Vider le lave-vaisselle ? Tu veux que je fasse un burn out ? ») à mesure que de nouveaux virus mutants envahissaient l'open space. À savoir, le bore-out (dépression pro-suscitée par une mission vide où l'ennuie tue) ou le brown-out (désengagement total pour une tâche jugée vaine et inutile). *Leave* les salariés *alone*.

“BUGGER”

COMME DANS

- **Mais c'est pas cette semaine que tu devais faire le grand rangement de ta chambre ?**
- **Mais Maman, tu bugges complètement, c'est la semaine prochaine.**
- **Ah…**

À croire que notre rêve ultime est bien de devenir ces fameux androïds dont le futur devient de plus en plus crédible (coucou Elon Musk). Nos oublis, nos dérapages, nos coups de folie, toutes ces sorties de route à l'explication souvent sinueuse et complexe sont balayées d'un revers de souris. Un bug du système, voilà donc ce qui justifierait la plupart de nos comportements déviant du programme initialement installé. Simple et rassurant. Ouais, sauf que Maman avait noté la date du rangement prévisionnel sur un petit carnet papier old school, et que c'était bien aujourd'hui. Alors, qu'est-ce qu'il dit, le développeur ? •

JPP

COMME DANS

« Vous vous êtes même pas aperçus que j'ai paumé ma gourmette en or, que j'ai raccourci ma frange, vous l'avez même pas vu ! #JPP »

Il est facile de dater un individu comme au carbone 14 avec ces trois innocentes lettres. Pour les plus de 35 ans, JPP c'est un footeux simple et sympathique qui a fait les belles heures de l'OM et des *Guignols de l'info* à une époque antédiluvienne où même Internet n'existait pas (tu me charries !). Pour les autres, les flemmards du langage made in après 2000, ça veut simplement dire « j'en peux plus ». À tel point qu'on réduit au minimum le fait même de l'exprimer. #JPP de ces boomers qui citent *La Boum* l'air de rien. CQFD (hein ?).

FAKE / FAKE NEWS

COMME DANS

- Tu sais que Donald Trump assure avoir inventé l'expression « *fake news* » ?
- Fake news ! Elle existe depuis les années 90 ! Quel fake, ce mec.

Selon le Collins, l'utilisation de l'expression « fake news » si chère à l'homme orange aurait bondit de 365 % depuis 2016. Pourtant, n'en déplaise à celui qui s'en prétend l'inventeur, le terme existe bel et bien depuis des décennies, désignant une info mensongère délibérément diffusée au plus grand nombre à des fins souvent politiques. Si les bougons des anglicismes ont bien tenté de remplacer la fake news par le très honnête « infox » (fusion de « information » et « intox »), la fake a pris un pouvoir sur la langue (et le reste) qu'elle n'est pas près de lâcher. Et si les fake news fleurissent sur les réseaux sociaux, diffusées, partagées et validées souvent bien mieux que des vraies infos (notre cerveau préférant croire une fake news par « précaution », comme une résurgence de ces temps anciens où un simple bruit dans les buissons pouvait témoigner de la présence d'un prédateur, ce dont il valait mieux se convaincre histoire de décamper rapidos), le terme a vagabondé ailleurs. Un gros mytho qui se la raconte ? On dit qu'il est « tellement fake » ! Une boucle bouclée autour de l'ex-président à l'index toujours pointé. •

“AU BOUT DE MA VIE”

COMME DANS

- **Je viens de courir vingt-cinq minutes, je suis au bout de ma vie !**
- **Ma pauvre, je comprends grave.**

Toujours dans l'excès et la métaphore mortuaire, l'individu épuisé du XXIe siècle n'en finit plus de manquer mourir pour un tout ou pour un rien. Un grosse session boulot, un coup de fil qui dure, les enfants qui crient, une journée compliquée ? Il n'en faut souvent pas davantage pour ressentir cette impression d'agonie proche, d'existence parvenue à son terme, de vie qui, tel un rouleau d'essuie-tout, ne sera bientôt plus que ce petit cylindre en carton central vidé de sa fonction première. « Enfin une expression française ! », vous réjouissez-vous. En vrai, on est quand même bien plus souvent « au bout de sa life »...

“LES RÉSEAUX”

COMME DANS

- **Le pauvre, il s’est fait complètement démolir sur les réseaux !**
- **Les réseaux de quoi ?**
- **Bah… les réseaux ! Les réseaux sociaux.**

Bouc émissaire d’une société qui part à vau-l’eau, les réseaux sociaux n’en finissent plus de subir l’ire et les critiques de l’ensemble de leurs utilisateurs pourtant complètement accros. Facebook, Twitter et Instagram en première ligne, TikTok, LinkedIn, Snapchat, WhatsApp, Skype, Messenger et consorts sur le deuxième front, tous ces outils, du réel réseau social au simple vecteur de communication avec autrui ont finalement été jetés de manière indistincte dans le grand sac des « réseaux », ces lieux infernaux où l’on se fait insulter et canceler à tous les coins de clic. Pourtant, s’il est vrai que leur utilisation n’est pas anodine (en ce qui concerne ceux qui nous mettent publiquement en contact avec des inconnus), il conviendrait cependant de faire la part du bien et du mal et, surtout, de démêler tous ces fils pas forcément compatibles les uns avec les autres car non, « les réseaux », ça n’est pas un immense entrelacs de flux de malfaiteurs discrètement associés pour faire chuter le monde et les réputations. Enfin, pas que… •

Ah maman !
Encore sur tes zéros sociaux !

“J’AVOUE”

COMME DANS

- **Ça caille grave, non ?**
- **J’avoue !**

Comme si on jouait à un immense « ni oui ni non » collectif, nombre d’entre nous « avouent » tout et rien plus qu’ils n’acquiescent, se rendant pour ainsi dire responsables de bien des maux auxquels ils ne peuvent pourtant rien. S’il est parfois un simple synonyme de « je suis d’accord avec toi », et du ringardisé mais pourtant si pratique « OK », ce « j’avoue »-là n’a pourtant jamais à voir avec sa définition première du latin *advocare*, « confesser ». Enfant malaisant du bon vieux « grave » auquel on s’était habitué, on souhaite à l’aveu 2020 toujours prononcé d’un ton lancinant (« j’avouuuuue ») une carrière courte et fulgurante qu’on oubliera vite fait. Un jugement un peu dur ? J’avouuuue. •

« LA VAGUE »

COMME DANS

« Certains pays observent leur troisième vague quand d'autres n'expérimentent que la première. »

Avant, quand on pensait vague, on avait des images positives qui nous venaient. Keanu Reeves longs cheveux au vent sur sa planche de surf, les côtes landaises baignées de soleil, des gamins hilares plongeant dans l'écume. Aujourd'hui, on a tellement associé ce terme (immédiatement adopté par les médias) aux emballements pandémiques successifs qu'il faudrait presque trouver un autre mot pour décrire à nouveau les rouleaux salés de nos jeunes années. À vos propositions !

DÉTOX

COMME DANS

« Tu as l'air hyper fatiguée, bichette. Tu devrais boire cette petite boisson détox : curcuma, miel, gingembre, racines de chêne centenaire, crottes de caniche et poivre d'Alsace, parfumée au café moulu dans les atolls de Tokelau. »

Ce qui est génial avec la détox, c'est qu'elle s'adapte à tout. Détox digitale, détox de l'ego, eau détox, cure détox, cuisine détox, social ou média détox, mother détox... La pollution est partout autour de nous, et comme nous sommes de petits garnements mal dégrossis qui aimons nous gaver de ce qui est mauvais pour nous, il faut ensuite nous défaire de nos addictions toxiques pour recouvrer la zénitude mentale et physique à laquelle nous aspirons tous (si, si) en boutant hors de notre vue ces vilaines manies. Pour mieux se retoxer après, *of course,* et pouvoir kiffer les bienfaits d'une nouvelle détox qui nous réconciliera avec notre moi. Ahuuuuum. •

“TARGET”

COMME DANS

- **T’as rappelé ta target ?**
- **Nan, pas encore. Mais j’ai drafté un SMS que je veux lui envoyer. Tu veux pas le lire et me dire ce que t’en penses ?**

En termes de marketing, la target est une cible, celle à laquelle on veut vendre un joli produit bien empaqueté. Dans l’entreprise, c’est un objectif. Celui qui va nous permettre de décrocher ou pas cette fameuse prime sur intéressement qu’on a négociée au jour lointain de notre entretien d’embauche. Dans la vie amoureuse de votre pote célib, c’est ce type mignon dégoté sur Tinder, avec lequel elle tchatche habilement, comme un archer qui, œil fermé et flèche bien centrée, s’apprête à envoyer du lourd vers sa cible pour la harponner en plein cœur (ou ailleurs). Être ou ne pas être la target d’autrui, parfois, on rêve paradoxalement d’être ce gogo passif visualisé comme dans un cercle de papier multicolore prêt à se laisser transpercer avec bonheur. Ah, l’amour…

EN PRÉSENTIEL/ EN DISTANCIEL

COMME DANS

**« La réu de lundi prochain,
on se la fait en distanciel, tout le monde est OK ? »**

Apparues aussi subitement dans nos existences que l'abominable Covid-19, ces deux horribles expressions ne sont manifestement pas près de désquatter nos sabirs professionnels. Désormais, la plupart des « réunions » (peut-on décemment appeler ça comme ça ?) se font en distanciel. Soit : à travers un écran, chacun chez soi coiffé d'un casque de téléopérateur, en chemise et slibard parce qu'on ne vit plus socialement que du torse, en tentant de prendre la parole dans le brouhaha ambiant comme on s'insère en serrant les fesses sur une bretelle d'autoroute. La réu en mode présentiel, devenue exceptionnelle, s'apparenterait presque au voyage d'affaires annuel d'antan pour aller visiter la filiale chinoise. Comme souvent, la frontière poreuse qui sépare nos open space de nos salons a laissé passer le vocable... Chéri, ce soir, on fait l'amour en distanciel ou en présentiel ? •

HASHTAG

COMME DANS

« Il m'a pris la tête, lui ! Hashtag #relou. »

Aux origines, c'est un symbole sur un clavier. Puis ce « dièse », placé devant des mots ou locutions compactées, a servi à catégoriser les posts sur les réseaux sociaux par mot-clé pour pouvoir les publier, puis les rechercher par thématique. Ainsi sont nés les célèbres #outfitoftheday, #picoftheday, #foodinsta ou les plus politiques #balancetonporc, #BlackLivesMatter, #JeSuisCharlie, qui ont changé le monde. Ponctuer son discours d'un hashtag, c'est se placer dans un mouvement, mais c'est aussi augmenter sa chance d'émerger dans la multitude de prises de parole qui éclot chaque seconde sur tous les sujets depuis que nous avons tous une tribune médiatique. Du coup, comme on commence à passer plus de temps à poster qu'à parler IRL (*in real life*, « dans la vraie vie »), on papote comme on tapote. Avec émojis (« des cœurs sur toi ») et signalisation thématique. Hashtag #cestnimportequoi, hashtag #nonmaisouvaton.

“EN PLS”

COMME DANS

« Je viens de me taper deux heures de réunion de parents d'élève, je suis en PLS grave. »

On ne fait pas plus imagé comme expression. PLS, pour position latérale de sécurité, celle-là même dans laquelle pompiers et secouristes positionnent les victimes d'accidents en attente d'une aide médicale. Recroquevillé sur le côté, jambes bien hautes, bouche ouverte pour laisser passer l'air, entre deux mondes et pas bien vaillant… sans aucune exagération, le sujet « en PLS total » lance un appel à l'aide. En mode « si personne ne vient m'oxygéner, il est fort possible que j'y passe à même la chaussée ». Une petite tape sur l'épaule de l'accidenté de la réu parents-profs devrait a priori suffire. Ce que cherche le PLSien, c'est avant tout la compassion. Le pauvre. •

Et donc là tu vois, j'étais en PLS devant le prof !
Comment ça ?! T'es malade ?! Tu veux que j'appelle un médecin ?
Rein ?!

“LA RÉSILIENCE”

COMME DANS

- **La résilience des enfants face à la cruauté de notre époque est vraiment admirable.**
- **Oui, nous devons tous être résilients, c’est important.**

On l’aura compris, notre monde va mal. Alors, face aux guerres, au terrorisme, à la pandémie, il semble que nous nous devions tous à la… résilience, ce terme magique apparu après la tragédie du 13 novembre, qui nous enjoint à surmonter notre traumatisme en l’acceptant, puis en rebondissant à sa suite plutôt qu’en se laissant emporter par l’émotion suscitée par sa cruauté. Mais si on se réjouit bien souvent de cette divine « résilience » dont savent faire preuve les durs au mal, ne faisons-nous pas ployer les autres sous la culpabilité de ne pas accéder à cette belle résurrection post-choc ? En 2020, si t’as pas été résilient, t’as raté ta vie ? •

“BASHING”

COMME DANS

« Le Meghan bashing, très peu pour moi ! Vous saviez que William avait été odieux avec elle ? »

Stop au british bashing ! Il est des anglicismes qui comblent un manque, et le bashing en fait partie. Équivalent bien plus percutant et *straight to the point* que son mollasson cousin français « lynchage » ou « dénigrement », le bashing semble avoir été inventé en même temps que les réseaux sociaux pour désigner notre tendance devenue systématique à la critique gratuite pratiquée en meute. Du Hollande bashing au prof bashing en passant par le french bashing, tout y passe. Un clou en chassant un autre, ce qu'il y a de cool quand on est victime de bashing, c'est qu'a priori, on passera rapidement la main à une autre victime, elle-même tout aussi rapidement washée de ce bashing vite oublié. Comme dit Patrick Bruel, il suffit de faire le dos rond. •

“GHOSTER”

COMME DANS

« On s’est vus tous les jours pendant trois semaines c’était le big love et puis pfiou, plus de nouvelles. Il m’a ghostée, tu crois ? »

Qui se souvient de Patrick Swayze mort et transparent faisant des câlinous à Demi Moore devant un tour de potier ? Ouais, sauf que ce ghost-là était gentil. Le ghost 2.0, lui, est un gros lâche. Plutôt que de prendre son téléphone et son courage à deux mains pour signifier que, *sorry sorry*, après trois semaines collés serrés, il reprendrait bien sa liberté pour aller butiner ailleurs, il préfère disparaître. Comme ça, d’un coup. On l’appelle, il ne répond pas. On lui fait toc toc sur WhatsApp, Messenger, Snapchat, TikTok, même sur LinkedIn, il fait le mort. Mais… peut-être qu’il l’est vraiment, comme Patrick Swayze ? *Nope*… Il nous a ghostée. •

PITCH

COMME DANS

- **Ah, t'écris un livre ? Génial vas-y pitche-le-nous !**
- **Eh bah… euh… ça se passe au XIXe siècle et c'est l'histoire euh… d'un couple…**
- **Bah dis donc, ça donne pas très envie ton pitch !**

Pour les gourmands et les moins de 15 ans, un Pitch, c'est un petit pain au lait aux pépites de chocolat qu'on embarque dans son cartable. Pour les autres – salariés, communicants et tout porteur de projet plus ou moins artistique –, le pitch est l'accélération de notre société du concept, du zapping et du direct appliquée à la narration. On monte un film, une boîte, on écrit un livre ? Il faut pouvoir présenter son projet en une phrase (ou 140 caractères… suivez mon regard vers l'oiseau bleu), pas une de plus, dans le but ultime de convaincre. Rapidement. Sinon c'est *boring*, compliqué, pas adapté au format, peu lisible. Dans la vie, il faut désormais être court, impactant, jusque sur son profil Tinder où l'on est prié de ne pas s'appesantir. Femme, trentaine, blonde, Paris… Stoooop, on a compris le pitch, le reste on s'en fiche. En 2021, soyons syn-thé-tiques. •

“DÉCONNEXION”

COMME DANS

« Avec Xavier, on s'est inscrits à un stage de déconnexion génial, dans les Cévennes. Bon, c'est un peu cher, 5 000 euros par personne pour huit jours, mais ça vaut vraiment le coup. »

Comme si le ravisseur (de notre zénitude) Internet avait pris possession de nous sans qu'on puisse rien y faire, nous aspirons tous à la déconnexion, ce Graal moderne qui nous permettrait de dire stop, enfin, aux notifications, aux e-mails, aux tweets, aux flux d'infos, aux SMS de Mamie et au WhatsApp des parents d'élève, comme s'il nous était absolument impossible de tirer la prise par nous-mêmes ou d'appuyer sur un bouton off. Et c'est peut-être bien le cas pour nombre d'addicts, rendus plus nombreux à mesure que les tentacules des G se déploient (« gaffe, voilà la 5G, barreeeeez-vous les gars ! »), prêts à consacrer trois mois de salaire pour le simple bonheur de se voir enfermés en zone blanche et confisquer leur portable. Avis aux habitants de ces régions édéniques, si vous chopez le wifi en allant au supermarché, mettez des parcelles de vos jardins en location, y a de l'argent à se faire… •

LA BIENVEILLANCE

COMME DANS

« Dans notre entreprise, nous accordons énormément d'importance au management bienveillant. »

Avant, être bienveillant, c'était être con. Aujourd'hui, être « bienveillant », c'est la base. Entreprises, marques, éducation, management, politique, tout ce qui exerce le moindre pouvoir sur autrui se doit d'être « bienveillant », en réponse à des années d'autorité crasse devenue ringarde. En revanche, si tout le monde se targue de bienveillance, beaucoup cachent en réalité derrière ce terme doudou cool des trésors de ruse pour nous refourguer un produit, un ordre ou une idée, bref nous vendre un bout de gras enrobé dans un packaging plus désirable certes, mais à des fins pas si innocentes que cela. De là à se dire que mieux vaut un malveillant honnête qu'un bienveillant sournois ? À voir... •

« DOUDOU »

COMME DANS

« Tu devrais lire ce roman. C'est vraiment une lecture doudou. »

Dans l'angoisse ambiante d'un monde qui s'écroule, d'une planète qui brûle et d'un PAF où même Jean-Pierre Pernault quitte son poste indéboulonnable, il semble que nous soyons tous (re)devenus des gamins qu'il faut rassurer. À coup de feel-good, de comfort food et de plein de trucs dits « doudou », objets transitionnels visant à nous réconforter et nous tenir éloignés de cet univers abject où les méchants adultes font des trucs d'adultes effrayants. Lecture, film, mec… on se love dans le doudou qui rassure, sent bon et ne fait pas mal. Vous avez dit, ennuyeux ? •

COOL
COOKIE

“MALAISANT”

COMME DANS

« J’étais avec ma mère au centre commercial quand la dernière chanson de Wejden est passée. Là, elle s’est mise à danser. C’était trop malaisant ! »

Alors oui, certains diront que l’adjectif « gênant » suffisait à exprimer le malaise. Mais on ne peut nier que le terme « malaisant », qui a évidemment pris racine chez les ados – toujours prompts à trouver honteux le moindre événement sortant de ce qu’ils considèrent comme seule normalité possible, la leur –, apporte un vrai plus. D’autant qu’il a fait son entrée dans le *Petit Robert* en 2019. Un pote qui se met à imiter Chirac en plein dîner (en mode « crac crac » et tout le tintouin), avouez, ça n’est pas gênant mais bien… malaisant (on en aurait presque la tête qui tourne, les jambes qui tremblent et l’envie irrépressible de partir en courant au risque de défaillir). Malaisant, on garde ! En revanche, avis aux quelques novices qui usent de l’impropre et très chelou « malalaisant », quand on n’est pas sûr d’une expression nouvelle, on ne se la tente pas, c’est malaisant. •

“UN CHANTIER”

COMME DANS

- **Tu as déroulé la prez de Jean-Marc ?**
- **Oui. Je pense qu’il faudrait monter une réunion *ad hoc* et mettre en place un chantier management.**

L’entreprise, c’est dur. Comme de transporter des gros blocs de pierre, faire des terrassements, démolir des murs, bref abattre du gros œuvre bien physique dont la palpabilité montre aux autres combien on y bosse ardemment. Ou pas. En fait, comme tout est un poil dématérialisé et inconsistant dans les tâches que l’on accomplit en open space aujourd’hui, on a tendance à faire appel à la bonne vieille métaphore du labeur pour concrétiser sa masse de boulot aux yeux d’autrui. Organiser une réunion ? La « monter », plutôt, comme un long mur de briques qu’il faudra assembler les unes aux autres. Mener à bien un projet ? Non voyons, un chantier. Sortez les truelles et les salopettes, les gars, ça va suer. •

“ZAPPER”

COMME DANS

- **Tu m’as acheté des œufs, comme je te l’avais demandé ?**
- **Ah non, j’ai complètement zappé !**

On a beau avoir depuis longtemps remisé la « zapette » de Papi aux oubliettes du XXE siècle, préférant bien souvent cliquer avec son doigt sur un écran, ou swiper sur une télécommande futuriste à trois boutons pour choisir un programme sur une plateforme de replay, le verbe « zapper » a paradoxalement tenu le choc. En revanche, plutôt que de « zapper » d’un sujet à un autre comme on sautait allègrement de TF1 à Antenne 2 grâce à l’engin révolutionnaire précédemment évoqué, aujourd’hui, on « zappe » un événement, une personne, un dîner. Bref, on l’oublie ou on le fait tout bonnement disparaître (pouf !) de notre planning et/ou de notre mémoire. À se demander si on ne préférait pas la définition précédente. Dites-moi, dites-moi, mais qu’elle m’a zappé pour un autre que moi mais pas à cause de moi…

“EFFET WAHOU”

COMME DANS

« Ce qu’il nous faudrait, vous voyez, c’est vraiment du *never seen before*, une campagne à effet wahou, quoi. »

Comme souvent issu des cerveaux ~~malades~~ brillants des marketeux, l’effet wahou a fait du chemin, infiltrant discrétos d’autres milieux professionnels jusqu’aux moins wahou d’entre eux. Dans notre satanée société du spectacle, de l’image et de la preuve visuelle comme seule source de vérité, l’effet wahou a toute sa place. Notre maquillage, notre post Insta, notre nouvelle salle de bains, notre présentation au big boss, il faut qu’ils suscitent l’ébahissement avant tout. Et si, sous le vernis du wahou, se planquent quelques défauts home-stagés à la Stéphane Plaza (de l’art de camoufler un carrelage caca d’oie sous un lino effet parquet qui se décollera dans deux mois), ça n’est pas grave. Tout va vite, passe et lasse. L’important, c’est l’effet wahou. Qu’il dure… ou pas. •

“EN GROS”

COMME DANS

- En gros, je m’appelle Gaëlle et je suis en quatrième.
- Mais pourquoi tu dis « en gros », ma chérie ?
- Bah… en gros, chepa, quoi.

Véritable béquille langagière apparue mi-2020, « en gros » sert à tout et rien. À introduire toute forme de phrase (affirmation, question, coups de colère ou déclaration d’amour), surtout, comme pour constituer une rampe de lancement à l’émetteur de ladite phrase pas tout à fait prêt à sauter à l’eau. Véritable « euh » nouvelle génération, on peine à comprendre en quoi « en gros » apporte davantage au discours (à part une syllabe supplémentaire), comme quand les TGV sont devenus Ouigo. D’autant que l’idée de départ visant à faire croire que ce « en gros »-là viendrait introduire une sorte de résumé digeste du sujet précédemment développé est rarement vérifiée. En gros, c’est lourd et ça ne sert pas à grand-chose.

“PAS DE SOUCIS”

COMME DANS

- Seriez-vous disponible pour un entretien mercredi à 15 heures dans nos locaux ?
- Pas de soucis !

La jeune génération, plutôt maligne et adepte du short time, aime habituellement raccourcir la plupart des termes inutilement longuets. Pourtant, va savoir pourquoi, Charles, elle a subitement troqué les bon vieux « OK », « d'accord » ou « oui » pour le très irritant « pas de soucis » (prononcer « padssoussis »), qu'elle balance à toutes les sauces avec une désinvolture souvent confondante. « J'ai besoin que tu me rédiges une note pour la réunion de 15 heures. » « Pas de soucis... » Bah heureusement qu'il n'y a pas de « soucis », et que cette demande ne génère ni contrariété, ni inquiétude, comme le terme employé induit que cela pourrait être le cas. En revanche, ce qui serait cool, c'est que ce soit fait. Avec ou sans « soucis ». •

“BIEN-ÊTRE”

COMME DANS

« Le bien-être au travail est la priorité de notre entreprise. Yoga, ping-pong, aménagement du temps de travail, nous faisons tout pour que nos salariés éprouvent du plaisir dans leur vie professionnelle. Parce qu'un salarié heureux est un salarié motivé. »

De même que le feel-good, le vrai ou le care, le bien-être a envahi nos vies. Ou plutôt, l'injonction de vivre avec l'idée que nous devons nous faire du bien. Respirer, prendre du temps pour soi, se chouchouter, être heureux, faire vivre en harmonie notre inside et notre outside, bref, mettre tout en œuvre pour atteindre cet objectif impératif de bonheur personnel qui rejaillira fatalement sur autrui. Telle une religion qui panse les plaies du cadre surconnecté, le bien-être est un mode de vie auquel il convient d'adhérer au risque d'être bouté hors du sérail. Seum, malbouffe et sédentarité, ces bonnes vieilles valeurs hexagonales du monde d'avant n'ont plus lieu d'être dans l'entreprise d'aujourd'hui. Alors oui, même quand on aime aller mal, on le cache. •

“DISTANCIATION SOCIALE”

COMME DANS

« Il est important de respecter scrupuleusement les distanciations sociales en plus du port du masque, et ce même dans la sphère privée. »

2020 aura eu son lot de déconvenues et de grands malheurs, et parmi eux l'apparition dans notre société de la vertigineuse « distanciation sociale », celle-là même qui nous contraint à garder nos distances avec le reste du monde, mais aussi avec nos proches, et particulièrement nos aïeux, que l'on n'embrasse plus que par la pensée. La good news, c'est la disparition de la bise obligatoire à tata Yvonne qui pique de la moustache, ou le tour de table à 22 bisous quand on arrivait en retard au restau. Quant à cette barrière invisible d'un mètre virtuel (*six feet* aux States, où l'on a mis en place des bien-nommés « six feet offices » imposant cette distance minimale virtuelle entre les employés), gageons que les mots, souvent plus forts qu'un témoignage physique, sauront la bannir en renforçant mieux encore notre proximité avec les êtres qui nous sont chers. Parce qu'un « je t'aime » vaut bien deux câlins. •

“GÊNANCE”

COMME DANS

« Ma mère, elle dit “la tehon”. Non mais la gênance, quoi… »

Sœur de cœur de la « malaisance », la « gênance » part du même principe. Celui de ne plus savoir où se foutre, si ce n’est dans un trou, bien profond, en attendant que la scène qu’on vit ou qu’on subit soit enfin achevée. Oui, mais pourquoi pas « gêne », alors ? Parce que le suffixe « -ance », bien appuyé en « -annnnnce » (avec roulement d’yeux obligatoire), mime bien mieux le courant électrique qui nous parcourt l’échine en cas de gros embarras que le timide « gêne » (« Non mais la gêne »… avouez que ça sonne moins bien). Bon à savoir : 90 % des cas de gênance dénoncés concernent des boomers tentant d’avoir l’air jeunes. En employant un lexique qui ne leur est pas destiné, par exemple ? •

Salut les jeunes!
Regardez! Moi aussi je "ride"!!
maman... la gênance...
devant Max en plus...
Ride or die

BREADCRUMBING

COMME DANS

- Regarde, j'ai enfin des news !
Il m'a envoyé un point-virgule, tu crois que ça veut dire quoi ?
- Rien. Il breadcrumbe, c'est tout...

Vous voyez ces vieilles dames qui, joyeusement plantées sur un banc public, jettent des petites miettes de pain aux pigeons ? Eh bien, c'est exactement ce que font les breadcrumbers, cette nouvelle catég de séducteurs 3.0 qui, histoire de garder leur target au chaud, lui jettent ponctuellement quelques miettes d'attention sur lesquelles elle se précipite alors comme la misère sur le monde. Un simple « ça va », sans point d'interrogation ni même un petit émoji un peu commerçant apparu sur son portable, et voilà la victime du breadcrumber repartie pleine d'espoir vers cette belle relation « amoureuse ». Des « stop and go » épuisants qui maintiennent les proies mortes de faim dans un état d'attente insupportable, alors qu'il leur suffirait souvent de baisser les yeux pour apercevoir ce beau sandwich qui n'attend qu'elles. •

“ASKIP”

COMME DANS

« T’as vu le nouveau sac de Laura ?
Askip, sa mère lui a rapporté d’un de ses voyages…
Elle a trop de chance, il est trop beau. »

Maître Capello s’en retourne probablement dans sa tombe et pourtant, ce néologisme pas inutile a bel et bien fait son trou chez les plus jeunes, et pourrait gagner ses galons sur le reste des générations tant il est une béquille langagière fort commode dans notre monde du « on dit » et du temps de parole raccourci. « Askip » ou « à ce qu’il paraît », « d’après ce qu’on m’a dit », peut s’utiliser en mode adverbe à l’intérieur d’une phrase, mais il sert surtout à introduire un discours, pour en souligner l’incertitude ou soutenir une tentative de tirage de vers du nez. « Askip tu m’aimes pas beaucoup ? » « Askip le prof d’histoire sera pas là de la semaine… » Askip, #askip serait en train de passer de mode, sauf que Black M en a fait une chanson en 2016, qu’une série éponyme a débarqué en 2020 et que le hashtag continue de hanter les réseaux sociaux. Quant aux textos des ados, ils en sont gavés. Askip.

TRANSPARENT

COMME DANS

**« Je préfère être totalement transparent avec toi,
je ne t'aime vraiment pas du tout. »**

À l'instar de la bienveillance, il semble que la transparence soit devenue une « qualité » nécessaire à l'individu qui souhaite évoluer sereinement dans la société du XXIe siècle. Aussi, dans un souci permanent de « vérité », nonobstant les fake news qui continuent pourtant de jaillir dans cet océan de sincérité pure, il faut aujourd'hui mettre en avant sa propension à ne jamais arrondir les angles. Une valeur d'authenticité brandie par beaucoup avec une bonne foi pourtant souvent suspecte. Gouvernement, entreprise ou autorité parentale, la transparence totale et le partage de toutes les informations seraient-ils toujours nécessaires ? Pas sûr...

“WOW”

COMME DANS

- **T’as vu mes nouvelles boots ?**
- **Wow !**

Enfant digital de l’ « effet wahou », le « wow » gagne du terrain sur les réseaux sociaux et, de manière générale, dans nos short conversations digitales. Au siècle dernier, on disait « ouah ! » ou « ouahou ! » quand on ne savait pas trop comment développer l’argumentaire de son admiration, ou qu’on voulait justement masquer son absence d’émotion avec cette interjection à l’enthousiasme ostentatoire. Aujourd’hui, pour faire cool, on utilise le « wow » anglais (de *to wow*, « impressionner »), qu’on dégaine quand on ne sait pas bien quoi répondre à un interlocuteur qui semble attendre de nous autre chose qu’un simple like. Un wow, un cran au-dessus, fait plaisir à peu de frais en conférant à son utilisateur une caution cool qu’il peut encore optimiser en jouant sur les majuscules (« WoW », stylé). Pensez-y, la prochaine fois que votre cousine Sabine poste sa photo de *kid* moche quotidienne et que vous êtes à court d’idées. WoW.

“DE BASE”

COMME DANS

- **T'habites où ?**
- **Bah de base je suis de Vincennes, mais maintenant j'habite à Paris.**

L'Académie française doit s'arracher les cheveux qui, « de base », déplorait la mauvaise utilisation de la locution prépositive « à la base de », devenue au fil du temps « à la base », locution adverbiale incorrectement employée pour dire « d'abord », « dans un premier temps ». Sachez-le, on ne dit pas : « À la base, j'adore cuisiner. Du coup, je me suis mise à la pâtisserie », mais « J'ai d'abord aimé cuisiner… ». Pourtant cette « base » sur laquelle on souhaite manifestement ardemment s'appuyer s'est aujourd'hui encore délestée de supports pour se balader YOLO avec un simple « de ». Le très laid « de base » servant alors à exprimer peu ou prou « à l'origine », « déjà », à des utilisateurs peu désireux de s'en défaire. Las. De base, le langage, c'est lui qui décide comment il se forme et se déforme. Pas nous. •

“CLIVANT”

COMME DANS

- **Que penses-tu de Danièle pour prendre la tête du service marketing ?**
- **Oh, je ne sais pas… Tu sais, elle est comme la réforme des retraites. Très clivante.**

Vaut-il mieux être clivant ou consensuel ? La question se pose. Aujourd’hui, « clivant », de *kliever*, qui signifiait chez les flamands « fendre des diamants », est balancé à toutes les sauces. En politique, bien sûr, où le clivage gauche-droite, malgré une tentative présidentielle remarquée, n’en finit plus de diviser, mais aussi dans la com, le marketing et le management, on pointe du doigt ce qui clive. Et, surtout, ceux qui clivent. Donald Trump, Nicolas Bedos, Cyril Hanouna, Angelina Jolie… Il est des personnalités qui suscitent immédiatement un amour fou chez les uns en même temps qu’un rejet épidermique chez d’autres. Et si certains admirateurs du club des clivants vantent ces individus qui ont « du caractère » et qu’on « n’oublie pas », dans l’open space comme dans *Koh-Lanta*, il semble que le clivage attitude ne soit pas la meilleure tactique de survie. •

“TROP...”

COMME DANS

- **Mais comment t'es TROOOOOP belle !**
- **Arrête t'es trop gentille.**
- **Nan mais je te jure, je suis trop sincère.**

L'époque est à l'emphase, au « too much » auraient dit nos aînés. Alors, de même que tout est « en gros », tout est « trop ». On n'a pas aimé, on a « trop » aimé. On n'est pas stylé, on est « trop » stylé. Parfois, « trop » virevolte seul, souverain, en réponse sans appel à un complexe cheminement de pensée (« Je pense vraiment qu'Aristote avait raison lorsqu'il prétendait que la connaissance de soi est le commencement de toute sagesse. » « Mais TROP ! » ... ou pire, « Trop pas ! »). « Tellement » (« tu as tellement raison ! »), « très » (« tu es très gentille »), « vraiment »..., « trop » a chopé la place de tous les adverbes, probablement bien vénères par l'arrivée sur le marché de la langue de ce produit hybride et pas cher qu'on peut caler un peu partout. Trop injuste, beaucoup trop injuste. •

Nan mais c'est TROP un truc de ouf !
T'assures TROP !
C'est TROP bien !
T'es vraiment TROP le meilleur !
Et j'suis toujours TROP sincère mec.

“BANKABLE”

COMME DANS

- **J’ai un scénar béton. Un mec du Nord qui gagne au Loto, devient président et reste hyper simple, tu vois ? Bon, niveau casting, il nous faut un acteur bien bankable. Genre Jean-Paul Rouve.**
- **Oh, on le voit partout, non ?**
- **Bah justement !**

À la grande époque des Belmondo, Depardieu et autres de Funès, on disait de ces acteurs qui drainaient la foule en salle qu’ils étaient « à succès », « dans le vent ». Bref, on formulait de façon poétique le fait que leur popularité pouvait potentiellement se mettre au service d’une œuvre qui, sans leur coup de projecteur, aurait pu rester dans l’ombre. Aujourd’hui, on ne s’encombre plus de faux-semblants. Un comédien (ou un réal) est bankable (de *to bank* en anglais) ou non. Chez les Américains, on va plus loin en calculant le gain généré par certains comédiens pour chaque dollar investi sur eux. Dans une société où l’individu est devenu une valeur marchande, il semble que plus personne ne soit choqué par cette vision de l’humain prouvant son utilité à la lueur des profits qu’il dégage (et moins encore du côté de la dive influence où l’on juge de sa stature à l’aune de son nombre d’abonnés). Et le care, c’est bankable ? •

“GRAVE”

COMME DANS

- **Tu t’es bien amusée ?**
- **Grave !**

Rien n’est grave dans cette réponse brandie à l’excès en lieu et place de « beaucoup », « absolument », « énormément ». Non, « grave », utilisé seul et exprimé avec enthousiasme, témoigne au contraire d’un retour très positif de la part d’une jeune génération blasée, souvent encline à l’accueil tiède. Du coup, ce petit mot passe-partout s’est également glissé dans nos phrases elles-mêmes. Calé entre deux mots, il se substitue peu à peu à notre bon vieux « très », qui n’en demandait pas tant, dans des formules enthousiastes comme « j’ai grave faim » ou « j’ai graaaave galéré ». Le plus souvent prononcé en étirant bien le « aaaaa », ce petit mot pas très chic qui va pourtant avec tout a beau irriter les anciens et les ex-fans de « très », il faudra bien accepter qu’il squatte pour longtemps nos tics langagiers. C’est grave, docteur ? Non.

“VERTIGINEUX”

COMME DANS

« Ce livre est incroyable, dense, suffocant, vertigineux. »

Il est des adjectifs antédiluviens qui, à la faveur d'on ne sait trop quoi, reviennent sur le devant de la scène. C'est le cas de « vertigineux », réapparu courant 2020 dans les médias d'abord, et particulièrement en conclusion d'articles culturels élogieux, ou en punchline sur des affiches de films collées sur des culs de bus (« *Les Tuche 3* ? Vertigineux ! »), puis dans le langage courant, où il exprime plus souvent cette impression littérale de perdre pied face au vide qui nous fait face. L'année 2020 ? Vertigineuse. •

LE VRAI

COMME DANS

« Nous essayons chaque jour de remettre du vrai dans nos produits alimentaires. »

À croire que la société de la fake news et de la vérité alternative trumpienne est obsédée par cette question du vrai et du faux. Au point de brandir comme nouvel argument marketing le fait de mettre « du vrai » dans son discours, son management, ses produits. Une volonté fort louable, mais un peu effrayante quant au contenu de tout ce fatras avant les grandes résolutions du vrai. Le greenwashing pratiqué par les entreprises désireuses d'apparaître « propres » et écoresponsables auprès d'un public aujourd'hui davantage intéressé par ce « vrai » que par un prix avantageux ne fait pas autre chose : feindre de mettre du « vrai » et de la transparence pour mieux nous manger, mon enfant. Et aussi parce que le vrai est cool pour un temps et que le fake est le nouveau vrai. Vous suivez ? •

“GOURMAND”

COMME DANS

« J’ai voulu faire de cette crème hydratante un produit gourmand, onctueux, un produit cosmétique doudou qui rappelle les pâtisseries de l’enfance. »

Si à 40 ans, t’as pas inventé ton expression, t’as raté ta vie ? Une chose est sûre, Cyril Lignac aura marqué son temps et la langue, en relançant le bon vieux « gourmand » (prononcer « gourmangue »). Si tout le monde connaît (et ricane parfois de) son « gourmand croquant », devenu une marque opportunément déposée par son auteur, on ne peut cependant nier la popularité de cet adjectif et de ses dérivés, et de la gourmandise de manière générale, valeur refuge et shoot instantané de plaisir dans un monde cruel et sans issue. On pâtisse à gogo dans sa cuisine, on se shoote au porn sugar à la télé, et on colle du « gourmand » partout pour mettre un peu de guimauve dans ce monde de brutes. Merci, Cyril.

“ÉCOSYSTÈME”

COMME DANS

« En partant de notre magazine, nous avons bâti un véritable écosystème qui va du site à nos réseaux sociaux, en passant par nos événements offline et nos produits dérivés. Bref, un monde à 360° autour de notre marque. »

Si un écosystème désigne à l'origine un ensemble d'êtres vivants qui cohabitent au sein d'un environnement spécifique et interagissent dans et avec ce milieu, cette froide appellation botanique semble avoir inspiré le monde de l'entreprise comme les marketeux qui aiment prendre en exemple cette vertueuse organisation sociale de la nature. Marque, groupe, produit... ce que cherchent les *aficionados* de l'écosystème, c'est leur ascension, autonourrie et développée de l'intérieur (et donc, la plupart du temps, gratos). Reste à savoir qui est le prédateur suprême de cette chaîne alimentaire aux allures si vertueuses...•

DES CŒURS SUR TOI

COMME DANS

« Ooooh, mais merci pour ton texto trop *cute*.
Cœurs sur toi, ma belle. »

Dans notre société très imagée où l'écrit synthétique a pris le pouvoir, les outils de communication accompagnant SMS, WhatsApp et autres tweets lapidaires ont forcément fini par s'incruster eux aussi dans le langage courant. De même qu'on finit par parler textos (en mode « ça va BG ? » ou « JPP de la life »), on s'est mis à palabrer en émojis. Et comme on s'envoie plein de cœurs virtuels (des rouges, des jaunes, des bleus, des petits roses avec ou sans étoiles, bondissants ou percés d'une flèche), on les a traduits tels quels, façon Google Translate du symbole. « En gros », au lieu de dire « je t'aime », on dit, « des cœurs sur toi », bim, comme si on les balançait sur son interlocuteur. On peut évidemment supposer que, bientôt, en lieu et place de « je suis tellement gênée », on dira « singe qui se cache les yeux » ou qu'à la question « tu le trouves comment, mon mec ? », on pourra répondre « caca marron qui sourit ». Mmh... tête jaune perplexe qui se tient le menton...

“WEBINAR”

COMME DANS

« Je vous invite à assister à notre webinar de demain matin 8 heures sur les enjeux et stratégies de l'entreprise à l'horizon 2040. »

Magie du monde moderne et surcouche pandémique obligent, les webinars ont fleuri en 2020. Mot-valise formé de « web » et de « seminar », le webinar se dirait, en français, « webinaire » (seulement si on voulait avoir l'air encore plus con qu'en disant webinar). Le concept ? *Via* Livestorm, YouTube ou tout autre outil de diffusion vidéo pouvant accueillir un max de participants, on organise son séminaire digital sous la forme d'une grosse visioconférence dans laquelle seul l'organisateur parle. Certains appellent ça des « masterclass », d'autres des conférences digitales, et beaucoup ont compris que ça n'était qu'une énième réu online calée à n'importe quelle heure où, pour ne pas s'endormir, on pouvait passer le temps en détaillant les visages tristes et fatigués des 100 autres participants coincés dans leur petite fenêtre virtuelle. Sans même les chouquettes du bon vieux séminaire d'antan. •

GESTES BARRIÈRES

COMME DANS

« Portez un masque, lavez-vous les mains, respectez la distanciation physique, sauvez des vies. »

Si on nous avait dit il y a deux ans que, pour devenir un super-héros, il faudrait coller un petit bout de tissu moche sur son visage et se laver fièrement les mains 20 fois par jour, on ne l'aurait pas cru. Et pourtant, pandémie oblige, ces gestes simples entrés en fanfare dans notre quotidien sont devenus aussi indispensables à notre survie collective que le port de la ceinture en bagnole ou le respect des limitations de vitesse. Le bad, cette « barrière » invisible et hydroalcoolisée qui nous contraint à garder nos distances lorsqu'on est aimanté par le désir face à un inconnu excitant dont on humerait bien le parfum, ou douche notre envie prégnante d'exposer au monde ce nouveau lipstick qu'on a mis une plombe à appliquer. Allez, tout ça n'aura qu'un temps et notre lipstick durera plus longtemps… *Cross fingers.*

“LOVE BOMBING”

COMME DANS

- **Je comprends pas, le mec était FOU de moi, il me l’a même dit au premier rencard. Et là, pouf, on dirait qu’il s’en fiche complètement.**
- **Tu t’es fait love bomber, meuf.**

Apparu avec les applications de dating type Tinder, Happn et consorts, le love bombing fait rage dans le monde cruel des relations amoureuses 2.0. Le principe de ce bombardement d’amour ? L’emballement des premiers instants, manifesté par l’un ou l’autre des protagonistes, sous forme de mots d’amour excessifs et autres émojis enthousiastes témoignant de sentiments très forts en début de relation… Un emballement rapidement suivi du « deuxième effet Kiss Cool », comme diraient « nos anciens », à savoir le désintérêt soudain de l’amoureux transi. Si Dale Archer, un psychiatre américain, a donné un nom vendeur à ce qu’il considère comme un « stratagème de pervers narcissique » (voir notre définition desdits PN), il semble qu’il ait simplement mis les mots sur une tactique ancestrale et certifiée permettant d’obtenir rapidement les faveurs du sexe opposé. Une attitude fourbe certes, mais pas vraiment révolutionnaire. •

“FEEL-GOOD”

COMME DANS

« Je suis au bout de ma vie, tu me conseillerais une série bien feel-good ? »

Plus on va mal, plus on a besoin de feel-good. Résultat, livres, films, séries, émissions..., on cherche partout dans la culture du réconfort et de la fiction doudou qui tait les réalités du monde pour se concentrer sur ce qu'il a de tendre, d'heureux et de réconfortant. Une catégorie évidemment moquée par les cyniques, les dédaigneux intellectuels et les jaloux de tout bord qui voient dans le succès de ces œuvres artistiques un chemin facile vers le cœur d'un public fragilisé à qui on donnerait du sucre pour mieux l'empoisonner. Comme si les abysses du feel-bad élevaient davantage ? Tsss.

“ÊTRE IMPACTANT”

COMME DANS

« Il faut vraiment qu'on trouve une punchline impactante pour faire passer le message de cette campagne auprès des jeunes. »

L'Académie française n'est pas contente. Car si le substantif « impact » existe bel et bien pour décrire la trace, voire la béance laissée par un projectile, le verbe « impacter », littéralement traduit de l'anglais *to impact*, ne saurait induire la conséquence. Quant à l'adjectif « impactant », vraiment tiré par les cheveux pour le coup, on boucherait bien la béance labiale de ceux qui l'emploient à tort et à travers tant il est énervant. •

“CHIPS”

COMME DANS

- **Tiens, je t’ai apporté des céréales.**
- **Maman, je pourrais avoir des céréaaaaalesssssCHIIIIIPS ! CHIPS !**
- **Hein, des chips ?**
- **CHIPS CHIPS, t’es chipsée !!**

Non, les enfants ne sont pas tous subitement devenus accros aux Chipster au point de se mettre à ponctuellement hurler, sans explications ni préliminaires, leur adoration pour les pommes de terre apéritives. On dit « chips » quand l’autre prononce le même mot que soi pile au même moment (type « les grands esprits… »). Alors, l’autre est chipsé et ne peut plus parler jusqu’à ce que quelqu’un prononce son prénom (non, « Maman » ne fonctionne pas, gare aux faux amis en mode « Jacques a dit »). Si le chipsé parle malgré tout, il a un gage (type, acheter des bonbons ou autoriser une session DS). Il peut aussi subir un « chips personnel ». Auquel cas, seul le chipseur peut le délivrer (ça peut durer une plombe). Idiot certes, mais assez addictif. Gare, ensuite, aux phobies d’impulsion en entreprise avec le boss (« Vous m’apportez le dossier ? » « … dossier CHIIIIPS !! CHIPS ! Euh… pardon. »).

“JE SUIS CHOQUÉE”

COMME DANS

- **T’as vu comme il fait chaud, c’est ouf, nan ?**
- **Carrément. Je suis choquée.**

On le savait, sur les réseaux sociaux et de manière assez globale, l’époque est aux réactions vives, à l’émoi excessif, aux émotions exacerbées par le moindre événement survenu dans nos mornes quotidiens. Du coup, on est (très très) souvent choqué, surtout du côté du sexe féminin, bien plus prompt à se jeter sur cette expression ultra tendance sans qu’il soit possible de savoir pourquoi. Surprise, joie, colère, admiration, incompréhension, tant d’événements micro ou macro de notre quotidien qui aboutissent tous au même résultat : le CHOC, avec main sur la poitrine et yeux écarquillés pour mimer celui-ci. « Chuchoquée. » On adore. •

Y'a plus de Choco-Moelleux ?
Mais nan !
je suis CHO-QUÉE.

“CHEH”

COMME DANS

- **T'as vu, y a la bitch de la compta qui a glissé avec son plateau à la cantine devant tout le monde.**
- **Cheh !**

Bien fait ! Franchement, la langue manquait d'un petit mot bien senti pour exprimer ce sentiment honteux, mais si humain, consistant à se réjouir, parfois (oh, si peu), du malheur des autres, et particulièrement de ceux qu'on ne porte pas dans son cœur ou qui nous ont fait du tort. Évidemment, dans les cours de récré, ce « cheh » de l'arabe dialectal balancé avec force bonheur sournois, poing fermé, pouce sous le menton ou non, a évidemment trouvé une place de choix. Mais il y a fort à parier qu'il devrait trouver ailleurs une popularité équivalente car ce « cheh »-là, c'est comme un trench, ça va avec tout et à tout le monde. •

“CANCEL”

COMME DANS

- **T’as lu le dernier J. K. Rowling ?**
- **T’es ouf, elle est canceled, la meuf. Moi, je la lis plus. De toute façon, j’ai jamais aimé Harry Potter.**

Que penser de la cancel culture ? Il semble qu’il faille absolument avoir un avis sur ce néo-phénomène consistant à faire disparaître tout individu plus ou moins célèbre ayant émis une opinion à l’encontre de la morale ou simplement de l’avis du plus grand nombre. Et si la cancelisation de certains a sans nul doute débarrassé l’espace médiatique de personnages aux idées fort encombrantes, on peut toutefois s’interroger sur cette (re)propension soudaine à lever ou abaisser le pouce dans ce cirque moderne que sont devenus « les réseaux ».

“PN/PERVERS NARCISSIQUE”

COMME DANS

- **Le mec m'a pas rappelée. En même temps, j'ai checké tous les symptômes sur Internet, c'est sûr que c'est un dangereux PN.**
- **Mais, t'avais pas dit ça aussi de ton mec précédent ?**
- **Nan mais tu sais, la plupart des mecs sont des PN en fait...**

L'option PN, ou pervers narcissique, serait-elle devenue la justification 2021 à toutes les goujateries on et offline commises par les individus de sexe masculin dans le cadre d'une (tentative de) relation amoureuse ? Possible, tant on observe une agitation certaine autour de ce terme psychanalytique souvent galvaudé. Le (ou la) « vrai » PN est un manipulateur qui se nourrit de l'énergie de ses victimes, qu'il séduit puis vide de leur confiance en elles, enivré par son sentiment de supériorité et sans aucune culpabilité. Afin de trouver une raison valable à un non-rappel, une rupture sans motif, un ghosting traumatique, bien des victimes de l'amour brandissent la carte PN, pratique et finalement rassurante, parce qu'elle évite parfois de voir la vérité en face : cette histoire n'en était pas une. Ou ce mec/cette fille était un(e) gros(se) con(ne). « *He's just not that into you* », disait-on au siècle dernier.

“PREMIUM”

COMME DANS

- **Avez-vous pensé à souscrire à notre abonnement premium ? Pour seulement 1 287,65 euros par mois, vous pouvez avoir accès à nos machines de musculation en plus des cours en salle de l’abonnement premier prix.**
- **Ouah, génial. Et j’ai droit à une serviette ?**

Aujourd’hui plus encore qu’hier, le monde est divisé en deux catégories d’individus : les gratuit et les premium, sans qu’il soit forcément question de grandes dépenses séparant le second du premier groupe. Dans l’App Store, la plupart des applis « gratuites » ~~imposent~~ proposent rapidement un passage en « premium » permettant de débloquer les fonctionnalités les plus pratiques, voire nécessaires. Sur certains réseaux sociaux, le premium permet de s’éviter les pubs. Et de manière générale, être « premium », en plus de conférer à peu de frais un sentiment d’importance non négligeable, témoigne d’un état d’esprit « grand train » des plus élégants. Mais attention avant de changer de forfait ! Surfant sur ce concept des petits avantages accessibles sans se ruiner, beaucoup d’organismes peu scrupuleux tentent néanmoins de refourguer (avec engagement à life) bien des options inutiles dans des abos qui n’ont de premium que le nom.

“BALLEC”

COMME DANS

« J’ai essayé de parler à ma daronne du fait qu’il me fallait absolument une nouvelle doudoune, mais je crois qu’elle s’en ballec, en fait. »

Cherchez pas bien loin. « Ballec », c’est « (j’m’en) bas les couilles », l’expression vieille comme le monde testiculaire repeinte au goût du jour. À ceci près qu’elle est utilisée et appliquée à n’importe quel individu, dût-il ne pas posséder de couilles (comme la daronne en question), sans que ça pose le moindre souci logique à qui que ce soit. Pratique, le verbe « s’en ballec » (et non « s’en ballecer ») se conjugue à toutes les personnes sans subir la moindre modification grammaticale (« je m’en ballec, tu t’en ballec…, ils s’en ballec »). Quant à l’adverbe dérivé, le bien pratique « ballec » tout court, il se dégaine dans n’importe quelle situation. Super zen, finalement, la vie en mode ballec. Suffit juste de pas visualiser, quoi… Ploc. Ploc. •

“TRANSITION NUMÉRIQUE”

COMME DANS

« Votre marque devrait envisager une réelle transition numérique et élargir sa visibilité digitale. Nous pouvons vous y aider grâce à notre équipe de développeurs et notre réseau d'experts, et pour un peu moins d'un petit million d'euros. »

Toutes les boîtes veulent faire leur transition numérique. Passer de l'ancien au nouveau monde, peser dans l'univers merveilleux du Web, vendre en e-shopping, être cool sur « les réseaux », se faire connaître des « Millenioools », avoir un compte TicTac (hein ? TikTok ?), bref, plonger dans le grand bain cool du 2.0. Souvent, comme ils n'y connaissent pas grand-chose, ils se font aider par des « experts », à savoir des quadras antipathiques d'agences spécialisées qui, épaulés par de petites mains néo-embauchées (et mal payées), les aident dans leur mission hautement périlleuse et cruciale. Le tout pour une fortune. Parce que le numérique, c'est comme la plomberie. Quand on connaît pas, on se fait toujours avoir par l'« expert ».

« DE OUF »

COMME DANS

- **Tu veux un peu de mes frites ?**
- **De ouf.**

Vous pensiez avoir compris, merci quand même, que « ouf » signifiait « fou ». Et donc que, « un ouf », c'était un individu un peu excentrique, tête brûlée, voire légèrement excitant pour les raisons susnommées (« Nan, mais il m'a vraiment apporté des fleurs, mais c'est un ouf ! »). Du coup, vous avez aisément capté le « truc de ouf », aujourd'hui réservé aux boomers très fiers d'utiliser un terme qu'eux seuls considèrent comme ultra... « swag » (ouch, ça brûle les yeux). Mais vous n'aviez peut-être ni anticipé ni d'ailleurs intégré le glissement sémantique dudit ouf vers la locution « de ouf » qui signifie peu ou prou « très ». « Ça va ? » « De ouf. » « Ça te plairait d'aller au ciné ? » « De ouf. » Bizarre de remplacer des mots très simples et précis comme « très » ou « beaucoup » par une locution fourre-tout et souvent plus longue, pensez-vous... De ouf. •

Ça te dit des pizzas pour ce soir ?
De ouf.
Ça veut dire oui ?
Bah oui.
de ouf.

LE CARE

COMME DANS

« La pandémie et le confinement ont mis en lumière une vérité que nous avions oubliée : les métiers qui comptent, ce sont les métiers du care. Et pourtant, ce sont parmi les moins bien rémunérés du marché de l'emploi. »

La société à la Reagan où, pour avoir une utilité (apparente), il fallait gagner de l'argent, avoir des épaulettes et foncer vers son destin, a fait long feu. Aujourd'hui, et plus encore après 2020, il semble que nous ayons réactualisé notre échelle de valeurs, remettant le « care » (le fait de prendre soin de son prochain) au cœur de nos préoccupations et des emplois forçant l'admiration. Mouais. Ce qui serait encore mieux, c'est que cette prise de conscience soit suivie d'effets (financiers). •

« JE VOUS REVIENS »

COMME DANS

« Bon, j'ai fait le tour de tout le circuit électrique. Bah… faut tout refaire, hein. Ouais, ça va coûter bonbon mais faut s'qu'y faut. Je vous reviens avec un devis et on s'y met ? »

Dire que lorsque l'abominable « je reviens vers vous » hantait la décennie précédente, on avait bêtement pensé qu'il mourrait de sa belle mort et ne serait plus qu'un souvenir effrayant des dérives langagières les plus grotesques. Eh non ! Car sa cousine low cost a pris le relais : désormais, on ne dit plus « je reviens vers vous », mais « je vous reviens ». Et nous, on comprend plus rien. Parce que, s'il semble s'agir d'un exact synonyme, la construction de cette étrange locution tendrait à signifier que l'on s'offre à son interlocuteur (en mode « je te reviens de droit, ô Seigneur »). Ce qui, dans le cas de notre électricien, semble moins que probable. On n'en revient pas. •

“BAR À MANGER”

COMME DANS

- **T’es déjà allé dans le nouveau truc en bas de chez moi ? C’est génial, c’est un bar à manger ! Tu peux boire des coups et ils servent aussi des trucs pour le dîner.**
- **Ah, c’est un restau ?**
- **Mais... pas du tout !**

En 2021, si on veut vendre un truc qui existe depuis mille ans, mais qu’on souhaite faire passer pour ultra innovant, on le mixe à la sauce « bar à ». Un coiffeur ? Non, un bar à brushing. Une boutique de pantalons ? Non, un bar à jeans. Un restau ? Aucun rapport, un « bar à manger », ces établissements qui fleurissent dans les quartiers branchés, lancés par des proprios désireux de se distinguer de leurs géniteurs qui allaient bêtement mettre les pieds sous la table dans un banal restaurant. Dans un bar à manger, on est (mal) installé sur une chaise (trop) haute, voire debout, on sirote des cocktails hors de prix ou des bières artisanales et, comme on crève de faim parce que c’est l’heure du repas, on enchaîne les tapas, ces plats certes savoureux mais microscopiques servis dans des soucoupes en céramique et facturés au même prix que le chou farci que les darons mangeaient au restau. Le bar à manger ? Un concept révolutionnaire. •

“OK, BOOMER”

COMME DANS

- **C’était bien, quand même, quand on pouvait fumer dans les bars et qu’au cinéma, il y avait une dame qui venait dans la salle avec un petit panier autour du cou pour vendre des Chocoletti.**
- **OK, boomer !**

Attention, insulte suprême adressée non pas exclusivement à cette génération dite des baby-boomers nés du baby-boom post-Seconde Guerre mondiale (les seniors d’aujourd’hui), mais à toute personne considérée comme ringarde (ou trop nostalgique, ou réfractaire au progrès, ou les trois). Née sur TikTok après qu’un boomer, donc, s’en fut pris à la génération des Millenials à laquelle il reprochait d’être atteinte du syndrome de Peter Pan, l’expression « OK, boomer », balancée en réponse laconique par l’un d’eux au boomer grincheux, est aujourd’hui devenue un classique du Web, un mème et une locution surexploitée. Considérée par nombre de ses victimes comme un témoignage flagrant de l’âgisme d’une société qui affiche un mépris certain envers ses anciens et leurs souvenirs, l’expression fait figure d’offense suprême, particulièrement en entreprise, où passer du côté des « boomers » peut s’avérer très dangereux. Alors, gare à l’excès de « c’était mieux avant ». OK, boomer ?

“POUCAVE”

COMME DANS

« Pourquoi t'as dit à Maman que c'était moi qui avais fini les Figolu ? T'es vraiment une grosse poucave ! »

B« Blah blah blah d'la pookie, ferme la porte t'as la pookie dans l'style », chantonnez-vous souvent depuis que, comme une multitude de Français, vous avez succombé à la prose d'Aya Nakamura. Le problème, c'est que, comme une multitude de Français, vous ne comprenez rien aux paroles. « Pookie », ou « poucave » (d'origine rom comme « chourave » ou « marave »), n'est ni plus ni moins que le synonyme de notre bon vieux « balance ». Pas la petite planchette qui nous sert à peser la farine, mais l'abject individu qui dénonce les autres pour son propre profit ou, souvent, sans aucune autre raison apparente que le bonheur simple de les voir choir. Poucave domestique (frères et sœurs), poucave d'entreprise (collègue toxique) ou poucave professionnelle à la botte de la police, la poucave a mauvaise presse, même si elle agit parfois dans l'intérêt commun, selon elle. Bref, poucaver, une mauvaise idée. •

GEL DOUCHE SOLIDE

COMME DANS

- **Regarde ce que j'ai trouvé dans cette néo-boutique bio vegan 100 % cruelty-free circuit court. C'est vraiment génial, c'est du gel douche solide !**
- **Ah, du savon ?**
- **Mais... pas du tout !**

La fin du XXe siècle a vu l'avènement de la slow cosmétique et, avec elle, du shampoing solide, ce petit bloc qui mousse ~~pas~~ peu, mais a l'avantage de ne pas contenir d'eau, et donc d'être plus économique pour le consommateur et moins polluant pour la planète. Et puis, de fil en aiguille, certains fabricants ont eu l'idée géniale de faire pareil avec le gel douche, ce produit également mal conditionné et gavé d'eau pour mieux nous leurrer. Alors, ils ont créé le « gel douche solide » (pour de vrai). Un produit dingue sous forme de petit bloc rectangulaire emballé dans un papier et qu'on peut acheter par lots ou à l'unité. Tiens, tiens... Mais, ça ressemblerait pas à du savon ? Aucun rapport, disent les experts. Car le gel douche solide ne contient pas de sels d'acides gras et est composé des mêmes ingrédients que le gel douche liquide en plus concentrés. Ah...

“SPOILER”

COMME DANS

- **Émilie t’a raconté comment s’est finie l’histoire avec son keum. C’est un truc de ouf ou pas ?**
- **Nan, mais la spoile pas, je l’ai pas encore eue au tél !**

L’expression n’est pas nouvelle. Née en même temps que l’industrialisation des séries, l’avènement des plateformes de streaming et notre propension nouvelle à ne plus pouvoir envisager une œuvre à succès sans sa ribambelle de suites (« Maman, elle est bien la suite du *Corniaud* ? »), le spoil a d’abord été exclusivement utilisé par les fans du genre, avant de s’immiscer dans nos vies bien réelles. Au XXIe siècle, spoiler, soit raconter la fin d’une histoire, d’une anecdote, ou « divulgacher » comme ont voulu nous faire adopter les défenseurs radicaux de la langue française (les mêmes qui avaient tenté de nous refourguer le bon vieux « baladeur » en lieu et place du Walkman), est considéré par beaucoup comme étant de l’ordre de l’impardonnable. Une arme à brandir en cas de conflit non armé ? « Tu me rends mon pull bleu ou je te raconte la fin de *La Casa de papel* ?! » Cruel, mais radical. •

Tu dis rien aux parents okay ?
Sinon je te spoile la fin de Riverdale.

“C’EST PAS FAUX”

COMME DANS

- **Franchement, le dernier épisode de *Dix pour cent* était hyper décevant. Ils n’auraient jamais dû faire cette quatrième saison.**
- **C’est pas faux.**

Comme « j’avoue », « c’est pas faux » est progressivement venu se substituer à « oui » (qui était pourtant bien choisi, court et clair). Aurait-on peur d’affirmer ses idées, d’abonder tout à fait dans le sens de son interlocuteur pour préférer ces formules alambiquées qui tortillent des fesses pour dire que « oui, nous aussi on pense que c’était la saison de trop » ? Possible. Refroidis par les polémiques incessantes, il se pourrait bien qu’on tremble à l’idée même d’afficher clairement notre opinion, même à l’oral, et même sur des sujets sans enjeu capital, comme si des censeurs étaient en embuscade, prêts à nous foncer dessus à la moindre prise de position. Pas vrai ? Grave ! Euh, c’est pas faux...

“LE SEUM”

COMME DANS

« Elle est trop relou, Sandra. Jamais contente.
Et puis, elle critique tout le monde.
Elle a le seum grave, cette meuf. »

De l'arabe *sèmm*, qui signifie « venin », le « seum » est un sentiment largement répandu chez les plus jeunes, qui usent et abusent de cette expression bien pratique, mais aussi chez les générations plus anciennes, elles aussi gagnées par le seum dans une société qui les enjoint au feel-good, à la bienveillance et aux « cœurs sur toi » permanents. Est-il plus anticonformiste aujourd'hui d'avoir le seum qu'être feel-good ? La question se pose, tant deux camps bien distincts restent dans leur couloir, sans toutefois s'opposer. Le seum, un état d'esprit avant tout. « Tu viens à la soirée, demain soir ? J'peux pas, j'ai le seum. »

BULLSHIT JOBS

COMME DANS

- **J'en peux plus de mon boulot. J'ai vraiment l'impression de ne servir à rien ni personne, de ne rien apporter à la société et de mouliner dans le vide.**
- **Normal, tu fais un bullshit job.**

Formulé par David Graeber en 2013, le concept de « bullshit job », ou « job à la con », a depuis sauté aux yeux de bien des salariés jusqu'alors inconscients de l'origine de leur mal-être (lui-même appelé « brown-out ») pourtant né de l'inconséquence de leur mission professionnelle. Selon l'anthropologue disparu en 2020, la technologie aurait ainsi créé plein de jobs inutiles destinés à maintenir l'emploi, mais n'offrant véritablement aucun intérêt. Contrairement aux métiers du care (infirmières, profs, médecins...) par exemple, on reconnaît ces jobs inutiles au fait que, si on les supprimait, la société en serait finalement inchangée. « Larbins », « porte-flingues », « cocheurs de cases », « rafistoleurs » ou « petits chefs », cinq catégories dans lesquelles s'ébroueraient des millions de nos contemporains (et nous ?) parce qu'une « population heureuse et productive avec du temps libre (serait) un danger mortel » pour le néolibéralisme. Une interprétation plus ou moins remise en cause par certains économistes, mais pas par les employés, de plus en plus nombreux à partir bosser de leurs mains, mais sans plus cliquer. •

“T’AS DEAD ÇA”

COMME DANS

- **Ça s’est bien passé ton contrôle de français ?**
- **Ouais, j’ai dead ça ! Mais on dit une interro.**
- **Ah… mais ça s’est bien passé, donc ?**

Il y a eu un avant et un après *Djadja*, le premier tube d’Aya Nakamura qui, en même temps que le monde de la musique, a intégré en fanfare celui du langage avec plein de nouvelles expressions au départ incompréhensibles telles que « en catchana » (en levrette), « y a R » (y a rien) et « tu dead ça », donc qui, trois ans après, a clairement pris sa place dans la novlangue milléniale. « Le faire trop bien », « déchirer »…, « deader ça » exprime explicitement l’idée d’avoir tué le game tant on a performé dans un domaine. Bref, la prochaine fois qu’on vous dit que vous avez « deadé ça », dites « merci », tout simplement. Un mot chic un peu vintage qui ravira votre interlocuteur flatteur. •

ZONE DE CONFORT

COMME DANS

« Rester dans sa zone de confort, c'est exister. En sortir, c'est vivre. »

Depuis que le développement personnel a envahi nos vies, la question de la zone de confort a pris sa place un peu partout. Au boulot et dans sa vie perso, une priorité est née : sortir de cette satanée zone dans laquelle on se sent bien parce qu'elle correspond à ce qu'on sait faire, ce qui ne nous effraie pas, ce dont on a l'habitude. Pourtant, selon les adeptes de l'accomplissement personnel et du challenge permanent de nos vies (sans lequel elles ne vaudraient visiblement pas d'être vécues), il faudrait chaque jour oser sortir a minima un doigt de pied enchaussetté de ce cocon réconfortant. En osant parler en public, voyager seul, s'adresser à un inconnu, emprunter des chemins de traverse… Et c'est vrai que ça marche, et qu'on est bien content quand on l'a fait – comme après une séance de gym ou une journée à se les peler au ski –, de retrouver enfin son canap et sa tablette de choc avec le sentiment du devoir accompli. Ah, c'était pas ça, l'idée ?

Tu pourrais nous aider un peu quand même !
Sortir la poubelle par exemple !
Je préfère rester dans ma zone de confort
si ça t'embête pas.

“REVISITER”

COMME DANS

- **Je vais partir sur un Paris-Brest que je vais revisiter en le déstructurant totalement. Ça donnera une glace insérée dans un millefeuille recouvert de ganache montée, le tout enfermé dans une pyramide de sucre filé.**
- **Ah, mais c'est plus un Paris-Brest du tout, du coup ?**
- **Bah si, mais revisité.**

Certes, il arrive à certains de revisiter le Louvre ou Versailles (quoique), mais moins souvent cependant que de revisiter plats et pâtisseries, depuis que le feel-good culinaire a adouci nos vies comme autant de petits pansements sucrés posés sur nos quotidiens âpres et vains. Depuis, on peut justifier une omelette ratée ou un soufflé raplapla à l'aune d'une revisite bien pratique, d'autant que nos invités se croient eux-mêmes autorisés à donner leur avis à la manière du Jean-François Piège du pauvre alors qu'on ne leur a rien demandé (« Mmh, pas mal ton omelette, mais tu aurais dû la faire moins cuire... »). M'enfin, puisqu'on vous dit que c'est re-vi-si-té ! •

T'ES PAS PRÊTE

COMME DANS

- **Vous savez avec qui sort Brad Pitt ?**
Je vous préviens, vous êtes pas prêtes.
- **Qui ? Qui ?**
- **Vous êtes pas prêtes, j'vous jure.**
- **Mais siiiii !**

« On en parle de cette expression ? Mais TG, quoi ! », hurle-t-on sur le forum de jeuxvideos.com, dénonçant ce tic langagier qui se répand comme une traînée de poudre chez les youtubeurs désireux de créer un microsuspense chez leur public en délire. Et de gagner de précieuses minutes de stream en usant de ce subterfuge pas très discret. Du coup, dans « la vraie vie » aussi, on ménage ses révélations à coups de « vous n'êtes pas prêts ». Parce qu'on n'a pas forcément le talent d'un Nikos parvenant à combler dix minutes de vide, une enveloppe à la main en finale de *The Voice*, et que c'est un peu cool, quand même, de parler comme un youtubeur. Si si, on vous assure, essayez. À moins que vous ne soyez pas prêts ? •

FAIRE MATCHER

COMME DANS

« C'est vachement bien que vous ayez réussi à faire matcher vos univers. La boîte y gagne énormément en créativité. »

« Faire matcher » ou faire se rencontrer deux univers, points de vue, personnes qui parviennent à cohabiter en harmonie, reste un bonheur pour les observateurs de ce spectacle. « Dis donc, ça matche bien, entre vous ? », souligne le copain taquin. Sauf que la traduction littérale de l'anglais *to match* est impropre, puisqu'elle a justement donné en français le terme de « match », et donc de duel, de compétition. Dans la langue de Shakespeare, on dirait plutôt *to well match*. Et chez nous, donc, « être bien assortis », ou « faire la paire ». Mais quand une expression et le plus grand nombre matchent si bien, que peut-on y faire ? •

LES GENS

COMME DANS

« Coucou les gens, ça va ? »

Jadis, on désignait par « les gens » la masse compacte d'individus qui n'appartenaient pas à notre cercle restreint, mais dont on se targuait de tout savoir (non sans un certain mépris). Bref, on disait « les gens adooorent les parcs d'attractions » pour dénoncer leur côté moutonnier et peu élégant (en sous-entendant que nous, on préférait philosopher au coin du feu plutôt que d'aller boulotter des barbes à papa en dépensant notre salaire en manèges idiots). Sur Twitter, le hashtag #lesgens a rapidement repris cette idée, concluant des réflexions plus ou moins inspirées sur l'incongruité des réactions ou des goûts des « autres ». Et puis les ados ont récupéré l'expression, qu'ils balancent avec tendresse à leur groupe de potes lorsqu'ils les retrouvent en présentiel ou distanciel, en lieu et place de l'ancestral « tout le monde ». Ça donne : « Hello, les gens, ça va ? » Une façon pudique d'exprimer un attachement fort en exprimant exactement le contraire. Bref, un truc d'ado, quoi.

RESSERRER LA VIS

COMME DANS

« Le président va parler ce soir à 20 heures. Je ne sais pas encore ce qu'il va dire, mais selon mon oncle qui a une cousine dont la collègue connaît quelqu'un au gouvernement, il devrait resserrer la vis. »

Débarquée en même temps que les injonctions gouvernementales paternalistes post-Covid, l'expression brico-friendly a depuis fait florès. Il faut dire que nous, Français, adorons tout ce qui est marteau, écrou et mastic. Alors cette vision présidentielle du petit gars en costard qui vient avec son cruciforme redonner un petit tour de vis, ça nous a tout de suite parlé. Bon, le seul truc, c'est qu'à un moment, si on tourne trop, le bois il pète. On dit ça, on dit rien (une jolie expression exhumée des limbes du langage, qu'on ressort pour l'occasion). •

MILLÉNIAL

COMME DANS

« Il faut vraiment que notre marque parvienne à s'adresser aux Millenials. Et si on faisait un lip dub ? »

On ne compte plus le nombre d'occurrences de ce terme qui fait briller les yeux des boomers, génération X et autres has been de la vie pro-obnubilés par le fait de parler à la jeune génération, ces zombies effrayants nés un écran dans la main qui seront les acheteurs de demain. Pourtant, si les entreprises se roulent par terre pour embaucher des taupes digital natives venues les renseigner sur leurs congénères et apporter aux équipes ce vent nouveau venu du jeune, elles râlent bien souvent devant cet individu trop flexible, volatile, peu aimable et dévoué. Une fracture générationnelle née du fait d'avoir vécu avant le Web ? Non. Un problème vieux comme le monde que connaîtront vraisemblablement lesdits Millénials lorsqu'ils seront eux-mêmes devenus managers de gamins nés les mêmes années que leurs propres gamins. Cheh.

TU HORS DE MA VUE

COMME DANS

« Tu prends tes caleçons sales et tu hors de ma vue.
Tu n'as pas de principes, j'te jure sur ma vie. »

Elle s'appelle Wejdene et c'est un « phéno 2020 ». Débarquée sans prévenir dans la vie de nos ados, cette grande fan d'Aya Nakamura (la chanteuse à qui l'on doit « tu dead ça », en « catchana » et tant d'autres expressions de prime abord imbittables qu'on a fini par faire nôtres à force d'efforts de coolitude) a explosé sur YouTube avec un premier tube, *Anissa*, où elle reproche à sa cousine de lui avoir tapé son mec. Audit goujat, elle demande fort élégamment de « prendre [ses] caleçons sales et tu hors de [sa] vue ». Abomination stylistique pour beaucoup, mort de notre civilisation pour quelques radicaux de la langue, l'expression hybride imposée par son autrice (« J'savais pas qu'on pouvait pas le dire. Au moment de l'enregistrement, on m'a prévenue que ça existait pas mais j'ai dit OK, on garde, moi ça me plaît comme ça ! ») a depuis fait son chemin. Moitié sous prétexte de moquerie, moitié parce que c'est bien pratique et marrant, beaucoup n'hésitent plus à dégainer la faute originelle qui rendit célèbre une gamine de 16 ans. •

Dis-donc Léa, j'ai vu ta chambre... c'est catastrophique !
Nan mais maman je t'explique...
Oh là là non non...
Tu hors de ma vue !
Je ne veux pas savoir.
T'as 10 min pour tout cleaner !

“UNIVERS”

COMME DANS

« J'ai étudié votre CV. Vos diplômes et votre expérience sont tout à fait appréciables, mais surtout, j'aime beaucoup votre univers. »

La première utilisation du mot « univers » hors encyclopédie doit remonter aux premières saisons de *Popstars*, l'ancêtre des programmes où des anonymes viennent partager avec le plus grand nombre leur talent et/ou leur... « univers ». Un look, des références, une façon de s'exprimer, un imaginaire particulier, tout ce qui gravite autour d'un artiste participe de cette couleur qu'il donne à son œuvre, que l'on aime qualifier aujourd'hui d'« univers ». Sauf que comme souvent, le substantif a quitté son terrain de jeu pour en gagner d'autres, bien moins à-propos. Car oui, il semble que toute personne ayant une présence plus ou moins grande sur les réseaux sociaux puisse prétendre à posséder... un univers. •

TÉLÉ-CONSULTATION

COMME DANS

« Essaie de prendre rendez-vous avec un dentiste, ne serait-ce qu'en téléconsultation, c'est bien plus rapide et très pratique, tu sais ? »

Si elle existe depuis un bout de temps, la téléconsultation a connu un boom en 2020, avec aujourd'hui pas moins d'un million de rendez-vous par semaine en France. Le concept ? On prend rencard avec un médecin que l'on verra par écran interposé pour lui montrer ou lui décrire nos maux, adopter un suivi médical n'exigeant pas de se voir, ou demander un renouvellement d'ordonnance, par exemple. Si l'émergence du mot et de la pratique a bien des vertus, telles que le comblement des déserts de santé ou la possibilité de parler à un psy en quelques clics, elle mène pourtant parfois à d'étranges situations comme de devoir baisser sa culotte devant l'écran de son ordi (weirdo) ou approcher son orgelet de la cam devant les yeux effarés de son voisin en télétravail. Ah, et RIP les vieux magazines d'il y a dix ans qu'on aimait feuilleter tranquillou dans la salle d'attente.

CLUSTER

COMME DANS

« Dis donc, vous deux. Qu'est-ce que c'est que ce cluster, là ? Allez, hop, chacun dans sa chambre et au dodo ! »

Avant janvier 2020, personne n'avait jamais entendu parler de lui. Et PAF ! Du jour au lendemain, on a bouffé du cluster partout. De l'anglais « grappe » ou « groupement », il désigne un attroupement d'individus ayant eu l'outrecuidance de se réunir, voire de se toucher ou de s'enfermer en un lieu (souvent, pour faire la fête, hou), diffusant alors largement ce satané virus que l'on souhaiterait maintenir à distance. Résultat, on traque le cluster partout, parce que l'harmonie renaîtra des distances qu'on saura garder les uns avec les autres. La preuve, et comme le rappelait André Manoukian, le mot a été inventé en 1912 par Henry Cowell, un compositeur américain qui aimait taper du poing sur les notes de son piano pour créer des sons dérangeants et inédits. Moralité, pour que la musique de notre amour raisonne harmonieusement et pour longtemps, ne nous chevauchons pas trop. Pour le moment.

“SENS”

COMME DANS

« Je vais quitter mon bullshit job. Partir loin de Paris, me recentrer, passer du temps avec mes gosses, faire du bien à la planète. Je suis vraiment en quête de sens, tu vois. »

Le sens est le nouveau Graal des temps modernes. Après l'argent dans les eighties (en mode Wall Street, épaulettes et cartes de visite bien épaisses), puis l'épanouissement personnel, la quête ultime aujourd'hui est celle du sens. Est-ce dû à la dénonciation de l'inutilité de la plupart de nos tâches (Cf. définition des bullshit jobs), à l'émergence de l'intelligence artificielle ou à la prise de conscience de la brièveté de nos vies ? Toujours est-il que la question de la signification de nos choix et de nos actions est au cœur de nos pensées. Bon, on préfère encore que chacun essaie de « mettre du sens » que de « faire sens » comme on le disait il y a encore quelques années. •

“JUSTE”

COMME DANS

- **Comment tu trouves ma nouvelle cuisine ?**
- **Franchement, meuf ? Elle est juste… canon.**

Comme pour créer un reflux faussement euphémistique avant la vague, le « juste », suremployé par ceux qui aiment ménager leurs effets, prépare le terrain pour le qualificatif final. Concrètement, on commence sa phrase, on tempère avec le « juste » qui feint d'amoindrir le verdict et on termine en feu d'artifice avec un superlatif bien excessif et un volume sonore qui monte progressivement (genre : « La coiffure de Lady Gaga ? Elle est juste… PARFAITE ! »). Comme le bandana, le « juste » s'en va et puis revient, mais ne quitte jamais vraiment le *front row* lexical. Parce qu'il est juste trop pratique. •

“MAGIQUE”

COMME DANS

« Franchement, je l’adore, ma conseillère bancaire. Elle est magique. »

Alors non, tous les gens désignés comme « magiques » en ce moment ne possèdent ni dons paranormaux particuliers, ni le savoir-faire prestidigitataire (non, ça ne se dit pas, mais si même ici on ne peut pas inventer de mots, alors *where else* ?) de David Copperfield. Est « magique » en 2020 tout individu qui sort de la norme et manifeste une personnalité originale sous une allure qui, de prime abord, n’aurait jamais laissé présager une telle fantaisie. La fille boring et terne de la compta qui explique à la cantoche qu’elle fait du bubble foot le week-end en forêt de Rambouillet ? Magique. •

CONFINEMENT/ DÉCONFINEMENT

COMME DANS

- **Tu te souviens du confinement ? C'était dingue, non ? On a vécu un truc historique. Dire que les gens s'étaient jetés sur la farine, la levure et le PQ.**
- **Duquel tu parles ?**

Avant mars 2020, ceux qui se confinaient, c'étaient les ados, à qui leurs parents gueulaient avec désespoir : « Mais arrêêête de rester confiné dans ta chambre ! Sors, regarde, il fait beau ! » Depuis, le confinement a atteint l'humanité entière, et restera en France synonyme de pâtisserie, d'applaudissements à 20 heures et de yoga online. Enfin, pour la première saison, toujours la plus inoubliable. Parce que de confinements en déconfinements, ce stop and go chaque fois pimpé et mal adapté pour que ne ressurgisse plus le lockdown sévère initial a fini par lasser. C'est quoi, être confiné, finalement ? Remplir une attestation ? Subir les *kids* à la maison ? Faire des brioches à 15 heures ? Et être déconfiné, alors ? Vaste question qui devrait faire chaque jour varier les définitions de ces mots qu'on rêve surtout de ne plus employer. •

Mais siiii rappelle-toi, pendant le 12e confinement, celui où on a commencé la boulangerie de quartier en click and collect ?!
Ah oui !
Ah voilà, bon, quand même !
Ça a été mon confinement préféré !

PRENDRE EN OTAGE

COMME DANS

« Les gilets jaunes ont pris toute la population en otage ! On ne peut plus rien acheter ni vendre, ni même se déplacer, c'est insensé ! »

Depuis une vingtaine d'années, chaque mouvement social est l'occasion pour les médias et le gouvernement de ressortir l'expression excessivement galvaudée de la « prise d'otage ». Les grèves des transports ? Une prise d'otage des usagers. Les grèves des profs ? Une prise d'otage des parents. Les grèves dans l'aviation ? Une prise d'otage des vacanciers. Très démago et descriptive, l'image de la prise d'otage fonctionne à tous les coups et parvient à attiser l'ire des supposées victimes de ces dangereux acharnés préférant avoir recours à la force qu'au droit pour priver leurs détenus de liberté. Une métaphore un rien malhonnête, donc, qu'après les événements de 2015, il serait bon et décent d'abandonner. •

“RACONTER UNE HISTOIRE”

COMME DANS

- Tu sais, dérouler ton rapport 2020 sur les orientations budgétaires, finalement, ça peut être passionnant. Il suffit de raconter une histoire, tu vois ?
- Euh… non.

Nous sommes de grands enfants, mais des enfants quand même, qui cachent derrière leur costume-cravate, leur pantalon chino et leurs bottines e-shoppées, le besoin régressif et permanent de se glisser sous la couette pendant que Maman raconte une histoire. C'est en tous cas ce que semblent penser les marketeux et le monde professionnel dans son ensemble, qui font converger la moindre prise de parole, commerciale ou managériale vers cette action primitive et réconfortante. En somme, « raconter une histoire » n'est autre que l'enfant français de l'exaspérant « storytelling ». Une bonne nouvelle pour les nombreux lassés des anglicismes. •

“CLICK AND COLLECT”

COMME DANS

- **Notre magasin de lunettes restera fermé pour une durée indéterminée, mais vous pouvez évidemment choisir votre monture et venir la chercher en Click and Collect.**
- **Ah, mais on peut pas essayer, donc ?**
- **Ah, non...**

Poussés par la nécessité de vendre leurs produits sans pouvoir forcément accueillir leurs clients, nombre de vendeurs ont, en 2020, dû passer au Click and Collect. Et ce terme, qu'on n'avait jusque-là jamais utilisé, a déboulé tel une météorite lexicale un peu partout. Sur les vitrines, dans les journaux, à la télé, dans nos smartphones, dans nos phrases et celles de nos grand-mères. Faire du Click and Collect (« cliquez et collectez », conseillent les mauvais traducteurs, « clic et rapplique », propose Riad Sattouf, toujours un peu plus cool), c'est comme faire du e-shopping en remplissant son panier en ligne, voire par téléphone, avant de venir chercher son bien sur place à des heures définies. Ouais, c'est de la vente à emporter, quoi. •

PARTIR SUR

COMME DANS

**« J'ai eu une idée super originale.
Je vais partir sur des cromesquis. »**

Il fut un temps où les gens rêvaient de partir sur la Lune. Et puis un autre, le nôtre, où l'on part sur une tarte, un gigot, des cromesquis ou un plan de communication interentreprises. Car, comme dirait Cyril Lignac, qui a vu l'expression prendre son envol sous ses yeux : « "Partir sur" offre l'opportunité d'une expérience proche de la troisième dimension. En partant sur un gâteau, on peut littéralement monter sur le gâteau et en faire le tour. Seule impossibilité : voir le dessous du gâteau. C'est pourquoi nous envisageons avec Norbert, de créer parallèlement l'expression "partir sous". » Pas idiot...

“PERFORMER”

COMME DANS

**« Je t'ai vu au karting.
T'as grave performé dans le dernier tour ! »**

Anglicisme total, le verbe « performer » n'existe que dans notre langage, et pas dans le dictionnaire, mais colle à fond à notre société du défi permanent. En anglais, on dit *to perform*, dans le sens d'accomplir une tâche. Il fut un temps où on parlait de « performer » (prononcer « performeuur ») pour désigner un cabot talentueux qui savait faire l'amour à son public. Aujourd'hui, on conjugue ce verbe qui exprime la performance à toutes les personnes et à tous les temps. Et dans tous les milieux. L'objectif ? Performer à son boulot, d'abord. Performer devant ses potes, ensuite. Performer au lit, aussi. Car oui, il semble que cet anglicisme testostéroné plaise particulièrement aux hétérosexuels mâles désireux de faire étalage de leur immense puissance en de nombreux domaines. •

“SYNERGIE”

COMME DANS

« Il faudrait qu’on réussisse à mettre en place une réelle synergie entre les services et les marques de notre groupe. Ça apporterait beaucoup aux équipes. »

L’entreprise aime la synergie, cette approche apparemment familiale du travail qui fait que, comme on appartient à la même entité, on va s’entraider, partager ses savoirs, faire des « ponts » entre les services et les marques peu à peu rachetées et intégrées au grand groupe. Sauf que, dans la pratique, ce terme rassurant cache bien souvent des postes en doublons, des « réorgas » pas bien honnêtes et des projets de restructuration (= des licenciements) mettant à mal la belle harmonie promise. Ou comment faire croire qu’un et un feront trois quand finalement, et comme dirait Denis Brogniart : « À la fin, il n’en restera qu’un ! » •

PAS TRÈS COVID

COMME DANS

**« Houla, tu dors avec ton mec ? Sans masque…
C'est pas très Covid, tout ça. Enfin, ce que j'en dis… »**

Ce qui est cool avec le Covid (ou la Covid), c'est que tout le monde a un avis sur ce qu'il est bon ou pas de faire concernant le potentiel danger généré par le non-respect des mesures dites barrières. Aussi, tout citoyen enfile-t-il à qui mieux mieux sa casquette de flic virtuel et, sifflet en bouche, sonne les manquements aux règles que chacun s'est concocté dans son petit univers perso. Au bureau, dans la rue, devant la télé, il y aura toujours un policier du virus qui, l'air de s'en ficher mais sans pouvoir la boucler non plus, pointera du doigt le comportement de ses concitoyens. « Mmh, pas très Covid, tout ça. » •

Oh là là...
c'est pas très COVID ça...
so 2019 ce film !
trop.

INVISIBILISATION

COMME DANS

« Sa politique très patriarcale a clairement pour but d'invisibiliser la lutte pour les droits des femmes. »

Si le terme semble clair, sa définition ne l'est pas tant que ça. Invisibiliser n'est pas faire disparaître d'un claquement de doigts un objet ou une femme dans une boîte rectangulaire. Invisibiliser, c'est soustraire au regard social un combat ou une minorité, sciemment et contre tout esprit démocratique. Aussi la société patriarcale originelle où le fait d'être un homme a été instauré comme un « faux neutre » a-t-elle longtemps invisibilisé les femmes et les personnes dites racisées pour mieux les dominer. La solution pour que cesse cette invisibilisation sociétale ? Pour beaucoup, un changement radical de regard, des embauches, des mises en avant dans les médias. Pour d'autres, et si on ne veut pas que ça dure mille ans, cela passera par des quotas. •

“DÉSIRABILITÉ”

COMME DANS

- À combien estimerais-tu le degré de désirabilité de notre parfum sur le marché de la cosmétique actuelle ?
- Euh… sur une échelle de combien à combien ?

Les magazines (féminins) adorent ce type de termes. Parce qu'on ne s'habille pas, non. On enfile des vêtements. On n'a pas bêtement envie d'objets, de bijoux, d'un beau manteau. Non, on les désire. C'est beaucoup plus chic, moins bassement mercantile et apporte un côté hot à une envie finalement pas très care-friendly, donc pas très 2020. Comme si la désirabilité d'un livre ou d'une paire de pompes hors de prix nous avait frappés, un peu contre notre gré, *via* cette foudre attractive qui, depuis la nuit des temps et bien avant le commerce, fait flancher les êtres. À savoir, le désir. Ouah. •

“CONCERNANT”

COMME DANS

« Je ne suis pas sûre qu’un reportage sur l’Afrique subsaharienne soit très concernant. Programme plutôt un épisode de *Camping Paradis*. »

Utilisé comme adjectif, le participe présent « concernant » signifie peu ou prou « populaire », bref, qui concerne le plus grand nombre. Comme un bon programme de TF1, un match de foot ou un débat sur les cantines scolaires. Le débrief de votre réu équipe hebdo en plein dîner amical, c’est tout de suite moins concernant. Ouais, autant le dire, ça n’intéresse personne. •

« EN FAIT »

COMME DANS

« Bah, c'est exactement ce dont je t'avais déjà parlé, en fait. Mais, tu m'écoutes pas, en fait ? »

À l'origine, « en fait » signifiait « en réalité », « contrairement aux apparences ». Bref, la locution avait un rôle véritable dans la phrase. Mais ça, c'était avant. Aujourd'hui béquille langagière émergente et bien énervante, « en fait » prend du galon dans la lexicosphère, rognant peu à peu les parts de marché de « en gros ». Placé en début de phrase pour introduire tout et n'importe quoi, souvent sans jonction logique particulière, ou placé en fin de discours pour signifier à son interlocuteur qu'on « lui avait bien dit », « en fait » (et qu'on sait mieux que lui, en fait), cette locution un rien méprisante est pour le moins crispante, en fait.

DU COUP

COMME DANS

« Bonjour mon amour, du coup, tu as bien dormi ? »

Comme le « en même temps » présidentiel, la béquille langagière « du coup » squatte et s'incruste un peu partout, et surtout à mauvais escient. Car si, au départ, elle se substituait à l'ancestral « par conséquent », c'était déjà une erreur selon l'Académie française pour qui son synonyme serait plutôt « aussitôt ». *Whatever.* Aujourd'hui, on ne l'utilise même plus pour introduire une supposée conséquence, mais comme ça, au débotté, sans support ni intro, bref, n'importe quand et comment. « Et du coup, tu vas bien ? » (sic), « On mange quoi, du coup ? ». Bref, du coup, c'est hyper énervant. Du coup, on a envie de tabasser ceux qui en usent et abusent alors que ça n'est finalement pas si grave. Du coup, on s'en veut. Du coup, on se dit que ce serait pas mal qu'elle décampe, celle-là. •

Et donc du coup j'ai décidé de ne pas y aller, du coup.
Tu vois, du coup, je trouve que quand même c'était abusé et j'ai préféré dire non, du coup.
Et donc, quand est-ce que tu penses arrêter de dire "du coup" ?
?
du coup ?
héhé.
LIFE
Jules
lait

“DÉSO”

COMME DANS

« Déso je ne pourrai finalement pas déj avec toi, trop de boulot. JPP de ma boss. Vraiment déso. »

Qu'il est difficile de s'excuser. Même par écrit, même par texto. Et si taper « je suis désolé » est manifestement encore au-dessus des forces de nombre de nos contemporains, il semble que l'option short en mode « déso » soit moins douloureuse à adopter. Ainsi fleurissent les « déso » vite écrits, pas vraiment sincères et grâce auxquels on se débarrasse de sa culpabilité de décommander à tire-larigot à une époque où, pour ce faire, trois petits clics de l'index suffisent (et non un coup de fil oral et la quasi-certitude de ne pas pouvoir joindre son interlocuteur à une ère pas si lointaine où on ne se baladait pas avec un téléphone dans sa poche). Alors, OK pour un « déso » de temps en temps. Mais au troisième décommandage « vite teuf » ponctué de trois « déso », ça va faire un peu court, jeune homme. Déso. •

“INSPIRANT”

COMME DANS

« Tu devrais suivre ce compte Insta. La fille qui le tient est gé-niale. Elle parle beaucoup d'elle-même, de sa vie. Elle est vraiment hyper inspirante. »

Aujourd'hui, on n'est plus un modèle. Non, on est « inspirant ». Et dans ce terme plus ou moins synonyme, on a ajouté des bouts de poésie et de développement personnel pour le rendre plus acceptable puisqu'il est convenu, on l'aura compris, qu'on ne doit JAMAIS se comparer aux autres pour s'accepter. En revanche, passer une plombe sur un compte de déco parce qu'il est inspirant, sur le profil d'une gamine surmaquillée parce qu'elle est inspirante, sur la page des Beckham parce que leur famille est hyper inspirante et avoir envie de se flinguer parce qu'à côté de tous ces gens inspirants on a l'impression d'être une sous-merde ne pose a priori aucun problème. Ah. •

« EN TRANSVERSE »

COMME DANS

« Hello Sandrine. Écoute on a réfléchi, ce serait top que tu passes en transverse sur ces missions, histoire de cascader ton expérience à plusieurs services. Ah non, sans augmentation ni modification de ta fiche de poste. Tu n'es pas contente ? »

Ah, le « transverse », cette solution managériale magique consistant à élargir les fonctions d'un salarié à moindre (pas de) frais grâce à l'utilisation d'un simple terme aux allures inoffensives. Car « passer en transverse », c'est faire ce qu'on faisait avant dans son équipe, mais dans plusieurs équipes de l'entreprise (comme si on s'allongeait soudain au-dessus de plein de gens, écartelé à la Elastigirl par l'ampleur d'un taf démultiplié à l'infini pour pas un kopeck). Mais ce qui compte, quand on accepte une tâche transverse avec le sourire, c'est qu'on prouve son « agilité » à la boîte. Et ça, en 2021, c'est primordial. Pas vrai ?

PRESCRIPTEUR

COMME DANS

« Tu devrais envoyer tes bijoux à cette influenceuse. Elle est vraiment prescriptrice de tendances, bien plus que certains médias. »

Si, à l'origine, le prescripteur était un pro dans son domaine ayant la légitimité de recommander l'achat d'un produit ou d'un service comme des livres pour les enseignants, des remèdes pour les médecins ou des exercices ou du matériel pour entraîneurs, la notion a depuis largement débordé jusqu'à des « professionnels » bien moins légitimes et, surtout, une notion de la prescription bien plus mercantile. En marketing, est aujourd'hui considérée comme prescriptrice toute célébrité ayant une communauté suffisamment étendue et une influence sur elle assez grande pour pouvoir l'enjoindre à acheter un friseur à cheveux automatique, un terrarium connecté ou des pilules rajeunissantes, contre monnaie sonnante et trébuchante.

“BUDGÉTISER”

COMME DANS

« Dites-moi Jean-Pierre, l’achat de ces capsules de café, vous l’avez budgétisé ? »

Pour les types de la compta des grosses boîtes avec plein de salariés, « budgétiser », c’est comme se démaquiller, un truc naturel qu’on fait quotidiennement sans plus s’en rendre compte. Mais pour les milliers de néo-free-lance et autres indépendants divers et variés qui, aujourd’hui, occupent une place croissante du monde professionnel, c’est un cauchemar. « Budgétiser » ou « budgéter » (plus old school sauf au Canada où il a une signification légèrement différente), c’est prévoir et anticiper un financement pour une future dépense (ou recette, mais avouons-le, c’est plus rare). Bref, la budgétisation, c’est la rabat-joiserie qui intègre notre joli projet de reconversion en nous obligeant à plonger dans les tableaux Excel et à nous « projeter » à N + 1, M + 4, J + 300 le dimanche après-midi. Brrr.

je viens de budgétiser les vacances chérie, on est mal.
je préfère les rêver que les budgétiser !

Cet ouvrage est composé de matériaux issus de forêts bien gérées certifiées FSC®, de matériaux recyclés et de matériaux issus d'autres sources contrôlées.
Le Forest Stewardship Council® est une organisation internationale non gouvernementale qui encourage une gestion écologiquement adaptée, socialement bénéfique et économiquement viable des forêts de la planète. Pour en savoir plus, consultez le site www.fsc.org

Achevé d'imprimer en janvier 2021 par Graphycems
Dépôt légal : février 2021
Imprimé en Espagne